Contes

de

Hans Christian Andersen

Mijade

18, rue de l'Ouvrage
B-5000 Namur
www.mijade.be

ISBN 978-2-87142-880-0
D/2015/3712/50

Imprimé en Belgique

Hans Christian Andersen

Poucette

La Petite Sirène

Le Rossignol et l'Empereur

Pour Lola
Q. G.

Poucette

Illustrations de
Quentin Gréban

Il était une fois une femme qui ne pouvait pas avoir d'enfant. Elle alla trouver une sorcière qui lui dit : « Prends ce grain d'orge. Il n'est pas du tout de l'espèce qui pousse dans le champ du paysan. Plante-le dans un pot à fleurs et tu verras ! » « Merci », dit la femme. Elle donna douze sous à la sorcière, rentra chez elle, planta le grain d'orge, et aussitôt poussa une grande et belle fleur qui ressemblait à une tulipe, mais les pétales en étaient fermés comme si elle n'était encore qu'un bouton.

« Quelle jolie fleur », dit la femme en l'embrassant sur les pétales rouges et jaunes. Aussitôt il y eut dans la fleur comme une explosion et elle s'ouvrit. On voyait bien que c'était une vraie tulipe, mais au centre même de la fleur, sur le pistil vert, était assise une minuscule petite fille, mignonne et fine, pas plus grande qu'un pouce, et que, pour cette raison, on appela Poucette.

Une élégante coquille de noix laquée fut son berceau, des pétales bleus de violettes son matelas et une feuille de rose son édredon.

Mais une nuit qu'elle était couchée dans son joli lit, une affreuse crapaude entra par la fenêtre et sauta sur la table où la petite Poucette dormait. «Ce serait une jolie femme pour mon fils!» se dit la crapaude. Elle s'empara de la petite fille et sauta dans le jardin.

Un grand et large ruisseau y coulait dont les bords étaient vaseux et marécageux; c'est là qu'habitait la crapaude avec son fils. Horreur! il était également laid et repoussant, il ressemblait exactement à sa mère. La vieille crapaude s'inclina profondément dans l'eau devant l'enfant et dit: « Je te présente mon fils, il sera ton mari et vous aurez un charmant appartement en bas sous la vase. » « Koac! Koac! Koac! » C'est tout ce que le fils savait dire. La vieille crapaude déposa Poucette sur une feuille de nénuphar. Pour elle, c'était comme une île et elle ne pouvait s'enfuir. Puis la mère et le fils s'éloignèrent pour préparer la chambre nuptiale.

Poucette resta toute seule sur la feuille. Elle pleurait, elle ne voulait pas habiter chez l'horrible crapaude, ni avoir pour mari son hideux fils. Les poissons qui nageaient dans l'eau avaient entendu la conversation, aussi sortaient-ils la tête pour voir la petite. Dès qu'ils l'eurent aperçue, cela leur fit une peine infinie de savoir qu'elle pourrait descendre chez cette vilaine bête. Non, cela ne serait pas. Ils se rassemblèrent tous autour de la tige de la feuille où se trouvait Poucette, et tous ensemble mordillèrent cette tige jusqu'à ce que la feuille, libérée, se mît à descendre le cours du ruisseau, loin, très loin, où ne pouvait venir la crapaude.

La petite Poucette naviguait et les oiseaux perchés dans les branches près desquelles elle passait, en la voyant, chantaient : « Quelle adorable petite demoiselle ! »

La feuille allait toujours plus loin ; c'est ainsi que Poucette arriva à l'étranger.

Un ravissant papillon volait constamment autour d'elle et finit par se poser sur la feuille. Poucette défit sa ceinture, en attacha un bout autour du papillon et fixa l'autre bout à la feuille qui glissa encore plus rapidement, entraînant l'enfant assise dessus.

Un hanneton vint à passer. Tout en volant, il vit Poucette et à l'instant, il jeta ses pinces autour de sa taille fragile. Quel effroi pour la pauvrette ! Mais elle avait surtout beaucoup de peine pour le beau papillon blanc qu'elle avait enchaîné, et qui allait mourir de faim s'il ne pouvait se libérer.

Le hanneton, lui, ne s'en souciait guère. Il se posa avec elle sur la plus large feuille verte de l'arbre, lui donna à manger le pollen des fleurs et lui dit qu'elle était une adorable mignonne, bien qu'elle ne ressemblât évidemment en rien à un hanneton.

Les jeunes demoiselles hannetons qui demeuraient dans l'arbre vinrent leur rendre visite. « Fi ! qu'elle est laide ! » s'écrièrent-elles, « on dirait un être humain ! »

Et pourtant Poucette était si jolie ! C'était bien l'avis du hanneton qui l'avait enlevée, mais comme tout le monde la déclarait laide, il finit par dire comme les autres et ne voulut plus la garder. On vola avec elle au bas de l'arbre et on la déposa sur une marguerite des prés.

Tout l'été, Poucette vécut dans la grande forêt, se nourrissant du pollen des fleurs et buvant la rosée. Elle se tressa un lit de brins d'herbe et le suspendit sous une grande feuille afin qu'il ne pleuve pas sur elle.

Ainsi passèrent l'été puis l'automne, mais vint l'hiver. Les oiseaux qui avaient si bien chanté pour elle s'envolèrent, la grande feuille sous laquelle elle avait vécu se recroquevilla. Poucette essaya de s'en envelopper, mais malgré cela, elle tremblait de froid.

À la sortie de la forêt s'étendait un grand champ de blé ; ce blé était récolté depuis longtemps, mais sous les fétus de paille, une souris avait son trou. Elle vivait là confortablement au chaud, elle avait toute une chambre pleine de grains, une cuisine et une salle à manger. La pauvre Poucette se plaça près de la porte et demanda un petit morceau de grain d'orge, car elle n'avait rien mangé depuis deux jours. « Pauvre enfant ! » dit la souris, « viens là dans ma chambre chaude, viens manger avec moi. »

Comme la petite Poucette lui faisait bonne impression, elle lui dit même : « Tu peux rester chez moi cet hiver, mais tu feras le ménage et tu me raconteras des histoires, car je les aime énormément. » La petite Poucette fit ce que lui demandait la bonne vieille souris. « Nous allons avoir de la visite bientôt », dit la souris, « mon voisin vient me voir une fois par semaine. Il est très à son aise, encore plus que moi, il a d'immenses salons et une pelisse de velours absolument magnifique ! S'il pouvait devenir ton mari, tu serais bien casée. Malheureusement, il est aveugle. Il faudra lui raconter tes plus belles histoires. »

La petite Poucette ne tenait pas du tout à épouser le voisin qui était une taupe et qui n'aimait ni le soleil ni les fleurs. Il vint leur rendre visite dans sa pelisse de velours. Poucette dut chanter. Alors le voisin taupe tomba amoureux d'elle, à cause de sa jolie voix.

Il s'était creusé un long couloir qui allait de sa maison jusqu'à la leur et il leur donna la permission de s'y promener. Il les prévint seulement de ne pas avoir peur d'un oiseau tombé là, qui avait dû mourir depuis peu. Le voisin prit dans sa gueule un morceau de bois fossile, qui brille comme le feu dans l'obscurité, et les précéda le long du couloir obscur. Ils arrivèrent à l'endroit où se trouvait l'oiseau. C'était une hirondelle, ses jolies ailes serrées contre son flanc, sa tête et ses pattes cachées sous ses plumes. Elle était sûrement morte de froid. Poucette en eut beaucoup de peine. Elle aimait tous les petits oiseaux qui, tout l'été, avaient si joliment gazouillé pour elle. Mais la taupe donna à l'hirondelle un grand coup de ses courtes pattes et dit : « Au moins, tu ne piailleras plus, toi ! Quelle misère d'être né oiseau ! »
« Oui, ça, vous pouvez le dire, vous qui êtes un homme prévoyant », dit la souris.
« Qu'est-ce que son chant lui rapporte quand vient l'hiver, la faim, le froid ? »

Poucette ne dit rien. Elle se baissa jusqu'à l'oiseau, écarta les plumes qui cachaient sa tête et déposa un baiser sur ses yeux clos. « C'est peut-être lui », pensait-elle, « qui a si bien chanté pour moi cet été. »

Cette nuit-là, Poucette ne put s'endormir. Elle se leva et alla envelopper l'oiseau d'une couverture, afin qu'il pût reposer au chaud dans la terre froide. « Adieu, bel oiseau », dit-elle. Elle posa sa tête contre la poitrine de l'hirondelle, mais fut tout effrayée d'entendre battre son cœur. Elle n'était pas morte mais seulement engourdie; la chaleur l'avait ranimée. La nuit suivante, elle se glissa de nouveau près de l'oiseau et le trouva tout à fait vivant.

« Merci, jolie petite ! » murmura l'hirondelle, « tu m'as réchauffée. » Elle resta là tout l'hiver et Poucette, qui l'aimait, fut très bonne pour elle. Dès l'arrivée du printemps, cependant, l'hirondelle dit adieu à la petite Poucette. « Ne veux-tu pas m'accompagner ? » demanda-t-elle. Mais la petite savait que la vieille souris des champs aurait du chagrin si elle l'abandonnait. « Non, je ne peux pas », répondit-elle. « Adieu, alors, bonne et jolie fille », dit l'hirondelle s'envolant au soleil.

La petite Poucette était si triste !

« Cet été, tu vas coudre ton trousseau », lui dit la souris, car le voisin, l'ennuyeuse taupe à la pelisse de velours l'avait demandée en mariage. La petite Poucette dut filer la quenouille et la souris embaucha quatre araignées pour filer et tisser nuit et jour. Lorsque revint l'automne, le trousseau était prêt. « Dans quatre semaines, tu te maries ! » disait la souris. La petite protestait qu'elle ne voulait pas de l'ennuyeuse taupe.

« Ta, ta, ta ! » faisait la souris, « ne proteste pas, c'est un mari incomparable ! Remercie le ciel de l'avoir rencontré. » Et voilà, la noce devait avoir lieu… Déjà le fiancé était venu chercher Poucette, elle devait vivre avec lui sous la terre, ne jamais sortir au clair soleil qu'il redoutait. Quelle tristesse pour la pauvre enfant !

Elle voulut dire adieu au beau soleil qu'elle avait tout de même la possibilité de voir de la porte quand elle habitait chez la souris. Elle fit un pas au dehors et leva les bras vers lui. « Adieu, adieu pour toujours ! » dit-elle.

« Quiqui ! Quiqui ! » entendit-elle au-dessus de sa tête. C'était l'hirondelle qui passait justement. Quelle joie ! La jeune fille lui raconta son chagrin. « Je pars vers les pays chauds », dit l'hirondelle. « Viens avec moi, monte sur mon dos et attache-toi avec ta ceinture, nous nous envolerons loin de la vilaine taupe. »

« Oui, je partirai avec toi », dit Poucette.

Elle s'assit sur le dos de l'oiseau, les pieds sur les ailes étendues, et l'hirondelle s'envola dans les airs, par-dessus les forêts et la mer, par-dessus les montagnes aux neiges éternelles.

L'hirondelle vola encore plus loin, et tout devenait de plus en plus beau. Au milieu de magnifiques arbres verts, s'élevait un ancien palais de marbre étincelant. Les pampres enlaçaient les colonnes, et tout en haut il y avait beaucoup de nids d'hirondelles. «Voici ma maison», dit l'hirondelle. «Mais tu peux choisir d'habiter une de ces fleurs, si tu veux.»

«Quel bonheur!» dit Poucette en battant des mains. L'hirondelle la déposa sur un des larges pétales.

Un petit homme était assis dans une corolle, aussi blanc et transparent que s'il avait été en verre. Il avait sur la tête une couronne d'or et sur les épaules de ravissantes ailes de cristal, et il n'était pas plus grand que Poucette. D'abord, il fut très effrayé par l'hirondelle, mais lorsqu'il vit Poucette, il fut comblé de joie, c'était la plus belle qu'il eût jamais vue ! Aussi il prit sa couronne et il la plaça sur la tête de la jeune fille. Il lui demanda comment elle s'appelait et si elle voulait l'épouser et devenir la reine des fleurs. Voilà un mari autrement désirable que le fils de la crapaude ou la taupe avec sa pelisse de velours.

Aussi dit-elle « oui » au prince charmant.

De chaque fleur venait une dame ou un petit monsieur, si ravissants que c'était un plaisir de les regarder; chacun apportait un cadeau à la fiancée. Le plus beau de ces présents était une paire d'ailes d'une grande mouche blanche qu'on accrocha aux épaules de Poucette. Elle pouvait ainsi voler de fleur en fleur.

L'hirondelle là-haut dans son nid chantait pour eux de son mieux, avec un peu de mélancolie au cœur; elle aimait tant Poucette qu'elle aurait voulu ne jamais en être séparée. « Au revoir ! au revoir ! » fit l'hirondelle en s'envolant encore une fois bien loin jusqu'au Danemark. Elle avait là son nid, au-dessus de la fenêtre où habite l'homme qui sait raconter les contes. Elle lui a chanté son « Quiqui ! Quiqui ! » et c'est dans ce chant qu'il a entendu toute cette histoire.

Pour Alex, ma petite sirène
Q. G.

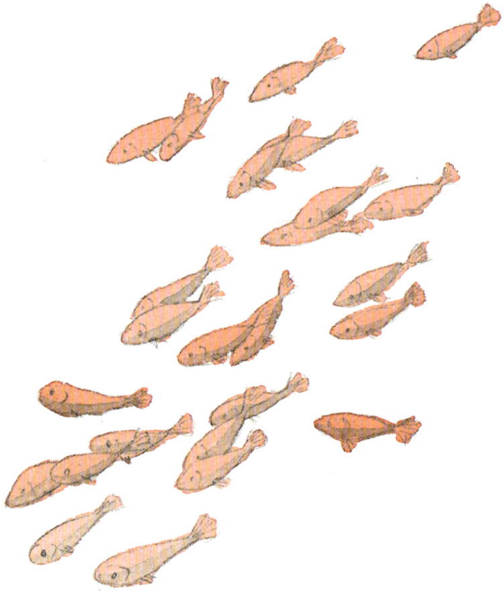

La Petite Sirène

Illustrations de
Quentin Gréban

Au plus profond de la mer, où l'eau est bleue et transparente comme le plus pur cristal, s'élève le château du Roi de la Mer.

Le Roi de la Mer était veuf depuis de longues années et vivait avec ses six filles. Les petites princesses de la mer étaient charmantes, mais la plus jeune était la plus belle de toutes. Elle avait la peau fine et transparente tel un pétale de rose blanche… mais comme toutes les autres, elle n'avait pas de pieds, son corps se terminait en queue de poisson.

Il leur fallait attendre d'avoir quinze ans pour monter à la surface. À leur retour, elles avaient mille choses à raconter : les villes et leurs rumeurs, les navires, les forêts, les hommes.

L'une d'elles était montée sur un iceberg, ses cheveux flottant au vent.

Vint enfin le jour où la plus jeune des sœurs eut quinze ans !

La lune venait de se lever lorsqu'elle sortit sa tête à la surface. Un grand navire à deux mâts se trouvait là. On faisait de la musique, on chantait, et des centaines de lumières brillaient. Jamais elle n'avait vu pareille magie.

La petite sirène nagea jusqu'à la fenêtre du navire et aperçut un jeune prince aux yeux noirs. C'était son anniversaire, c'est pourquoi il y avait une grande fête. Que le jeune prince était beau ! Il se faisait tard, mais la petite sirène ne pouvait détacher son regard du bateau, ni du beau prince.

Les lumières de la fête s'éteignirent. Dans le plus profond de l'eau, le grondement de la tempête se fit entendre.

Le navire prenait de la vitesse, la mer devenait houleuse, de gros nuages parurent, des éclairs sillonnèrent le ciel. Il faisait un temps épouvantable ! Les vagues déferlaient sur le bateau qui se brisa en deux.

La petite sirène comprit qu'il y avait danger. Elle vit le prince s'enfoncer dans la mer profonde. Non ! il ne fallait pas qu'il mourût ! Elle plongea profondément et remonta le prince vers la surface…

Il serait mort sans la petite sirène.

Quand vint le matin, la tempête s'était apaisée. La petite sirène nagea jusqu'à une crique et déposa le beau prince sur le sable blanc. Puis elle plongea et retourna chez elle, au palais de son père.

Dès lors, elle qui avait toujours été silencieuse et pensive, elle le devint bien davantage. « Pourquoi ne puis-je vivre parmi les hommes ? Je donnerais tout pour devenir un seul jour un être humain. »

« C'est impossible, lui dirent ses sœurs, à moins qu'un homme s'attache à toi de tout son amour et t'épouse. Mais cela ne pourra jamais arriver à cause de ta queue de poisson. »

La petite sirène soupira et considéra sa queue de poisson avec désespoir. Elle ne pouvait oublier le beau prince. « Demain, j'irai chez la sorcière marine », décida-t-elle. « Elle m'a toujours fait si peur, mais peut-être pourra-t-elle m'aider ! »

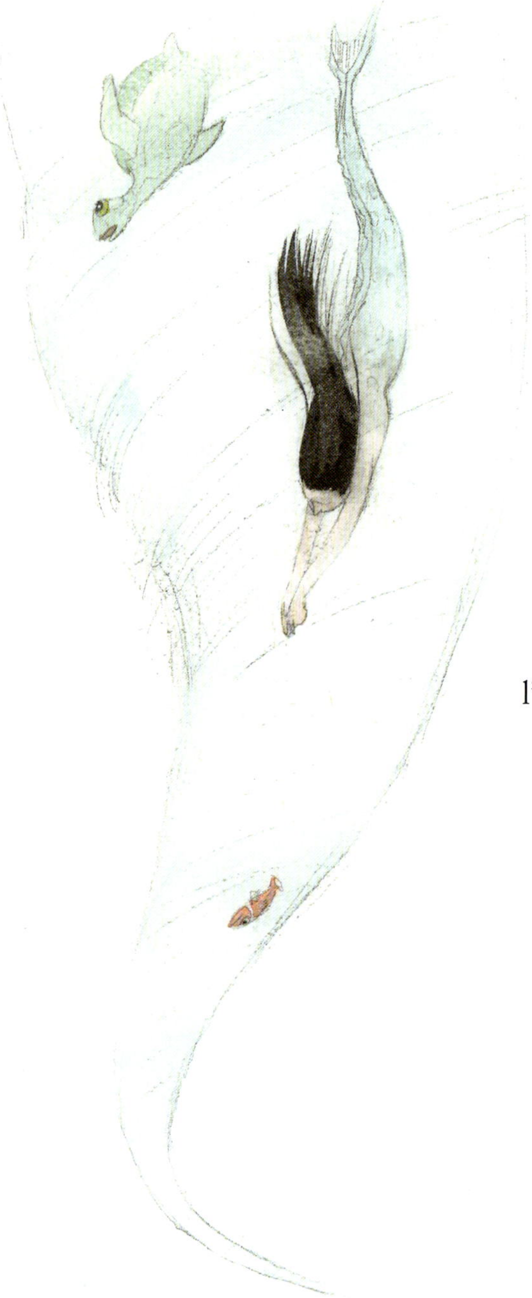

La petite sirène nagea vers les tourbillons derrière lesquels habitait la sorcière. Il fallait ensuite traverser une étrange forêt de tentacules larges et visqueux. La petite sirène s'arrêta tout effrayée, son cœur battait d'angoisse. Elle fut sur le point de s'en retourner, mais elle pensa au prince et reprit courage.

Elle enroula, bien serrés autour de sa tête, ses longs cheveux flottants pour ne pas donner prise aux tentacules, croisa les mains sur sa poitrine et s'élança à travers l'affreuse forêt.

De l'autre côté de la forêt s'élevait une maison construite en ossements. La sorcière y vivait. «Je sais bien ce que tu veux», dit celle-ci, «et c'est bien bête de ta part! Tu voudrais te débarrasser de ta queue de poisson afin que le jeune prince s'éprenne de toi!»

«Je vais te préparer un breuvage. Lorsque tu le boiras, ta queue se divisera en deux jolies jambes, mais cela te fera mal. Tu ne pourras jamais redevenir sirène, jamais redescendre auprès de tes sœurs et de ton père. Et si le prince ne t'épouse pas, ton cœur se brisera et tu ne seras plus qu'écume sur la mer. En échange de ce breuvage, tu me donneras ta jolie voix. Tends ta langue, afin que je la coupe!»

Lorsque la petite sirène revint à elle après avoir avalé le breuvage, elle vit que le jeune prince se tenait près d'elle. Il la fixait si intensément de ses yeux noirs qu'elle en baissa les yeux. Elle constata ainsi qu'à la place de sa queue de poisson, elle avait les plus jolies jambes qu'une jeune fille pût avoir. Et comme elle était tout à fait nue, elle s'enveloppa dans sa longue chevelure. Le prince demanda qui elle était. Elle leva tristement vers lui ses grands yeux bleus puisqu'elle ne pouvait parler.

Alors il la prit par la main et la conduisit au palais. À chaque pas, comme la sorcière l'en avait prévenue, il lui semblait marcher sur des aiguilles pointues et des couteaux aiguisés.

On lui fit revêtir les plus précieux vêtements de soie. Elle était la plus belle au château, mais elle restait muette. Le soir venu, une esclave chanta d'une voix magnifique devant le prince qui applaudit et sourit. La petite sirène était triste : elle savait qu'elle-même aurait chanté encore plus merveilleusement.

Alors la petite sirène se dressa sur la pointe des pieds et dansa avec plus de grâce qu'aucune autre. Tous étaient éblouis et surtout le prince. Mais chaque fois que le pied de la petite sirène touchait le sol, c'était comme si elle avait marché sur des couteaux aiguisés.

De jour en jour, elle devenait plus chère au prince, pourtant celui-ci ne semblait pas penser à l'épouser.

Mais voilà qu'on commence à murmurer que le prince va se marier, qu'il épouse la ravissante jeune fille du roi voisin.

Bientôt toutes les cloches des temples sonnèrent. Les époux se tendirent la main et s'offrirent tout leur amour. Ils étaient mariés.

La petite sirène sentit son cœur se briser. Ne devait-elle pas mourir au matin qui suivrait les noces ?

Mourir et n'être plus qu'écume sur la mer !

Le soir même, les époux et toute leur suite s'embarquèrent sur un navire. Tout fut plaisir et réjouissance. La petite sirène dansait et riait mais la pensée de la mort était dans son cœur.

Tard dans la nuit, le prince conduisit son épouse sous la tente splendide. La petite sirène appuya ses bras sur le bastingage et chercha à l'orient le premier rayon du soleil qui allait la tuer. Soudain elle vit ses sœurs apparaître au-dessus de la mer. Leurs longs cheveux ne flottaient plus au vent, on les avait coupés.

« Nous les avons sacrifiés chez la sorcière pour qu'elle nous aide, pour que tu ne meures pas cette nuit. Elle nous a donné un couteau. Le voici. Avant que le jour ne se lève, il faut que tu le plonges dans le cœur du prince. Alors, tes pieds se réuniront en une queue de poisson et tu redeviendras sirène.

Tue le prince, dépêche-toi ! »

La petite sirène écarta le rideau de la tente, elle vit la douce épouse dormant la tête appuyée sur l'épaule du prince.

Alors la petite sirène se pencha et posa un baiser sur le front du jeune homme. Le couteau trembla dans sa main. D'un geste, elle le lança au loin dans les vagues. Une dernière fois, elle contempla le prince et se jeta dans la mer où elle sentit son corps se dissoudre en écume.

Maintenant le soleil surgissait majestueusement de la mer. Ses rayons tombaient doux et chauds sur l'écume glacée et la petite sirène ne sentait pas la mort. Elle voyait le clair soleil, les voiles blanches du navire, les nuages roses du ciel.

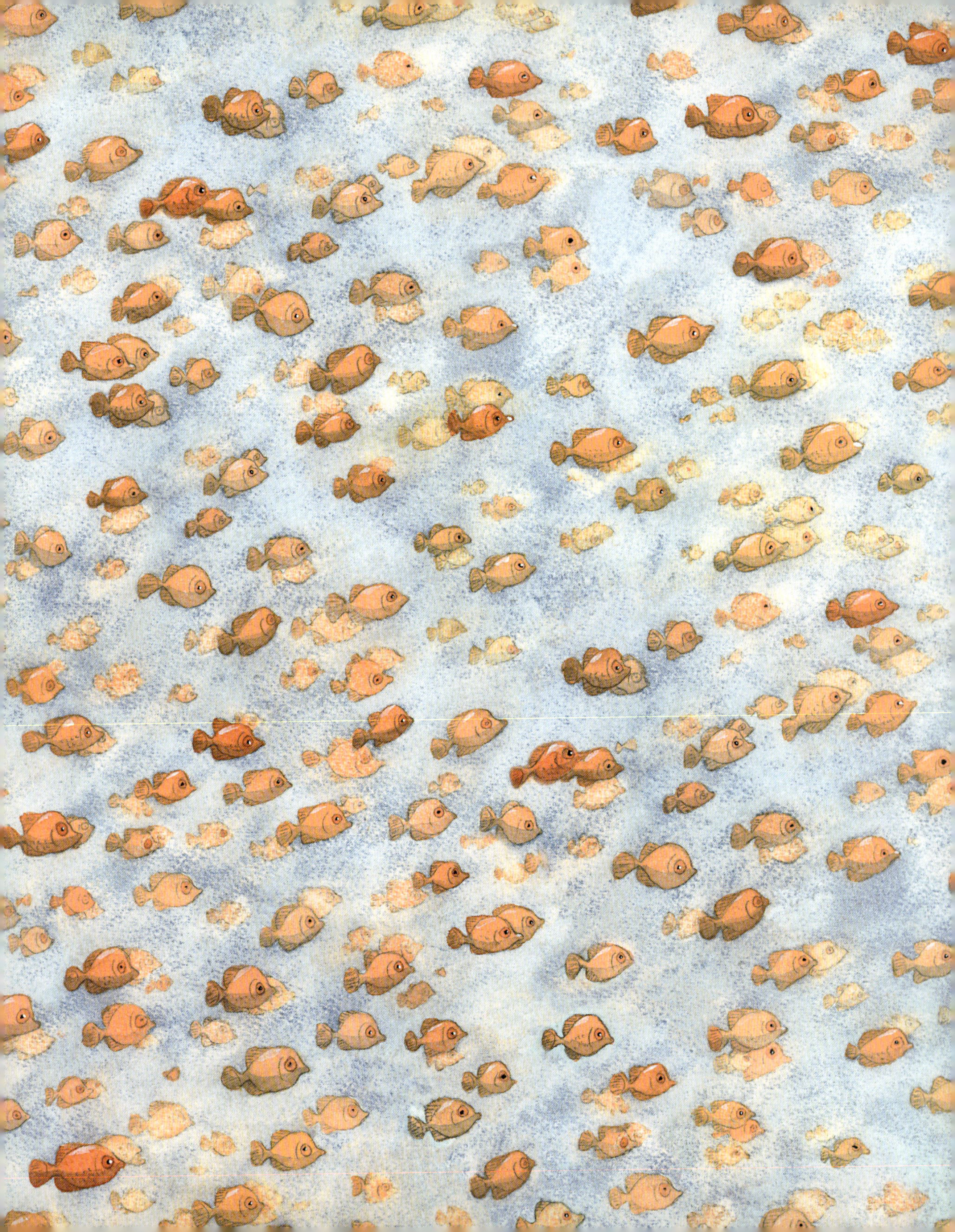

Pour Gérard
Q. G.

Le Rossignol et l'Empereur

Illustrations de
Quentin Gréban

Il y a bien longtemps, le palais de l'empereur de Chine était le plus beau du monde, le jardin était si vaste que si l'on marchait très, très longtemps, on arrivait à une forêt superbe qui descendait jusqu'à la mer bleue.

Dans cette forêt, vivait un rossignol dont le chant merveilleux charmait tous ceux qui l'entendaient. Même les pêcheurs interrompaient leur dur labeur pour l'écouter.

De tous les pays du monde, les voyageurs venaient admirer les richesses de l'empereur, mais quand ils entendaient le chant mélodieux du rossignol, tous s'exclamaient : « Le chant de cet oiseau est encore plus beau que toutes les merveilles de cet empire ! »

Un beau jour, alors qu'il était assis sur son grand trône doré et qu'il lisait un livre sur les beautés de la Chine, l'empereur s'écria :

« Mais qu'est-ce que c'est que ça ? Un rossignol ? Ce rossignol serait le plus beau trésor de mon pays et je n'en ai jamais entendu parler ! »

Il fit immédiatement venir son chancelier : « Il paraît qu'il y a ici un oiseau extraordinaire qui s'appelle rossignol. Je veux qu'il vienne ce soir et qu'il chante pour moi. »

Mais où trouver le rossignol ?

Le chancelier courut en haut, et en bas des escaliers, à travers les salons, le long des couloirs, personne n'avait entendu parler du rossignol.
Enfin, il trouva dans la cuisine une petite fille qui lui dit: « Le rossignol ? Oh oui ! je le connais, il chante si bien ! »

Aussitôt, le chancelier, la moitié de la cour et la petite fille partirent vers la forêt où le rossignol avait l'habitude de chanter. Les grenouilles coassaient dans le marais. « J'entends le rossignol », dit le chancelier. « Mais non ! ce sont les grenouilles », dit la petite fille.

Plus loin, une vache se mit à meugler. « Nous le tenons cette fois ! » se réjouit le chancelier. « Mais non, c'est seulement une vache qui mugit ! » dit la petite fille. Enfin, le rossignol chanta. « C'est lui, écoutez, écoutez… » dit la fillette, en montrant un petit oiseau. « C'est impossible », dit le chancelier, « cet animal est bien trop ordinaire. » « Petit rossignol ! » cria très fort la petite fille, « voudrais-tu chanter pour nous ? » Et l'oiseau chanta. Quel enchantement ! « Cher rossignol », dit le chancelier, « j'ai le grand plaisir de vous inviter ce soir à la cour ».

Le petit oiseau se rendit de bonne grâce au palais, puisque tel était le désir de l'empereur.

Au milieu de la grande salle, on installa un perchoir en or pour le rossignol. Et celui-ci chanta si merveilleusement que l'empereur en eut les larmes aux yeux. Toute la cour s'extasiait.

Quel succès ! Toute la ville parlait de l'oiseau. L'empereur donna l'ordre au rossignol de rester à la cour et pour ce faire, il lui fit construire une belle cage dorée. Le rossignol demeura ainsi enfermé, avec la permission de sortir seulement deux fois le jour et une fois la nuit, accompagné de domestiques qui le retenaient par de fins fils de soie. Pauvre rossignol, il n'avait aucun plaisir à vivre comme ça !

Un jour, arriva à la cour un grand paquet. Voilà certainement un nouveau livre sur notre célèbre oiseau, pensa l'empereur. Mais ce n'était pas un livre, c'était un rossignol mécanique incrusté de diamants, de rubis et de saphirs. Dès qu'on le remontait, l'automate chantait, sa queue battait la mesure et étincelait d'or et d'argent.

On voulut faire chanter les deux oiseaux ensemble, mais ça ne sonnait pas très bien. L'automate chanta donc seul, d'autant qu'il était bien plus joli à regarder.

Où était passé le véritable rossignol ?
Personne n'avait remarqué qu'il s'était envolé vers sa verte forêt.

Un an passa. L'empereur, la cour et tous les Chinois connaissaient par cœur chaque chant sorti du petit automate.

Mais un soir… tout à coup, à l'intérieur de l'oiseau, il se fit un «couac», quelque chose sauta «cling», toutes les roues tournèrent «brrrrr»… et la musique s'arrêta!

L'empereur fit appeler son médecin, mais qu'aurait-il pu faire? Alors, on fit venir l'horloger et, après bien des paroles et des examens sans fin, il réussit à réparer la mécanique, mais il prévint qu'il fallait faire bien attention.

Quelle déception! L'oiseau mécanique ne chanta plus qu'une fois par an et encore…

Cinq ans passèrent et tout le pays eut un grand chagrin car l'empereur tomba très malade. Couché dans son lit, immobile et pâle, il ouvrit les yeux et vit que la Mort était là. Elle avait mis sa grande couronne et tenait d'une main son sabre d'or, de l'autre son splendide drapeau.

Autour du lit de l'empereur, dans les plis des rideaux, des figures apparaissaient : c'étaient les bonnes et les mauvaises actions de l'empereur.

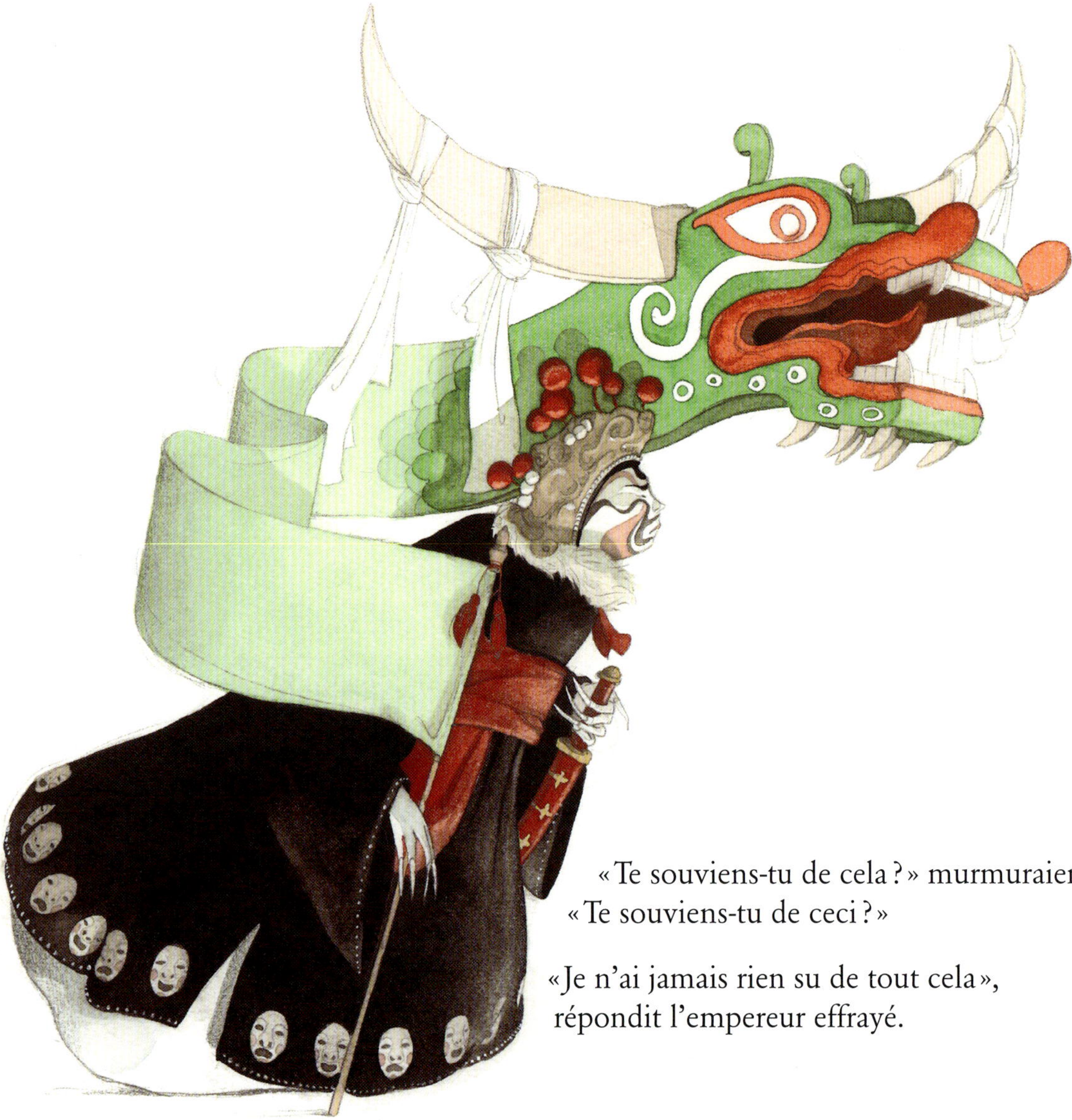

« Te souviens-tu de cela ? » murmuraient-elles. « Te souviens-tu de ceci ? »

« Je n'ai jamais rien su de tout cela », répondit l'empereur effrayé.

« Petit oiseau précieux, chante ! chante ! Que je n'entende plus ces voix », pria l'empereur. Mais l'oiseau mécanique restait silencieux, car il n'y avait personne pour le remonter.

C'est alors que se fit entendre du dehors un chant doux et ravissant : le vrai petit rossignol de la forêt était revenu chanter pour consoler son empereur. La Mort elle-même l'écoutait, fascinée.

Tandis que le doux gazouillis s'élevait, les sinistres apparitions s'estompaient, et la Mort se dissipa comme un froid brouillard par la fenêtre.

« Merci, merci, petit oiseau. Reste toujours auprès de moi ! » dit l'empereur.

« Non », répondit le rossignol, « je ne peux pas vivre enfermé dans une cage dorée, mais je viendrai quand tu voudras. Je te raconterai ce qui se passe autour de toi et que tu ne vois pas, je te chanterai le bien et le mal. » Sur ces paroles, l'oiseau s'envola.

Quelle ne fut pas la surprise des serviteurs lorsqu'ils virent l'empereur, debout, rayonnant de santé et de bonheur !